LE
BOUQUET
DU ROI
ET
DE LA REINE.

PRÉSENTÉ A LEURS MAJESTÉS.

Cette Feuille, avec les Portraits du Roi &
de la Reine, gravés en taille-douce, se vend
vingt-quatre sols.

LE BOUQUET DU ROI ET DE LA REINE.

Par M. le Chevalier DU COUDRAY,
Itinérographe de l'Empereur.

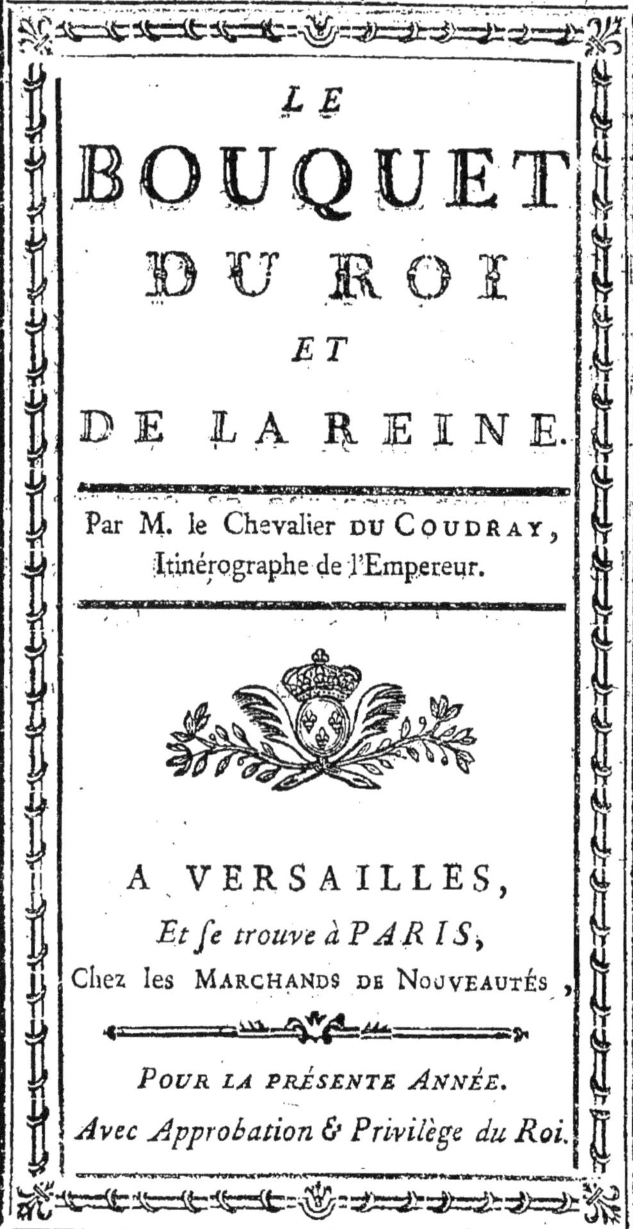

A VERSAILLES,

Et se trouve à PARIS,

Chez les MARCHANDS DE NOUVEAUTÉS,

POUR LA PRÉSENTE ANNÉE.

Avec Approbation & Privilège du Roi.

AVERTISSEMENT.

L'ACADÉMIE de Montauban avoit proposé l'année dernière, pour Prix de Poésie le Sujet suivant : « *Le Zèle de* » *LOUIS XVI pour la Religion & les* » *bonnes Mœurs* ». Différentes occupations m'ont empêché de corriger ce Poëme qui devoit être de cent Vers au moins, & de deux cent au plus. Je le donne au Public tel que je l'avois d'abord crayonné.

LE
BOUQUET
DU ROI,
POEME.

Le Zèle de LOUIS XVI pour la Religion & les bonnes Mœurs.

Muse, chante ce Roi modefte & magnanime,
Ce Roi dont la jeuneffe & la vertu fublime
Sont les nouveaux foutiens de la Religion ;
Son Palais eft pour nous le Temple de Sion.
Paris enfin, Paris, cette coupable Ville,
Qu'autrefois on a vu le refuge & l'afyle
D'infâmes fcélérats, d'infolens libertins,
Babylone les foirs, Sodome les matins,
Renferme dans fon fein, fous de fimples cabanes,
Des Jobs fur le fumier, des Efthers, des Sufanes,
Des Abrahams nouveaux, des Philofophes faints,
Des Lévites zélés, des Poëtes Chrétiens.

A iij

Un fi grand changement n'étoit pas fans obftacle ;
C'eft notre jeune R o i qui produit ce miracle.
Son plus grand plaifir eft, dans fes nobles projets,
De faire le bonheur, le bien de fes Sujets.

Exalte qui voudra ces Princes , dont la gloire
S'achette à prix de fang ! qui vivent dans l'Hiftoire
Par des faits deftructeurs, par des travaux guerriers ,
L'Eglife ne veut point de femblables lauriers :
De Bellone & de Mars elle a muré le Temple ,
Et nous donne à la fois le précepte & l'exemple.
Un Sage eft fur le Trône au lieu d'un Conquérant ,
Qu'il foit maître du Monde & non pas le Tyran !
L o u i s Seize a paru, ce Salomon moderne
Eft plus Père que Roi des Peuples qu'il gouverne ;
Il devient mon Héros. Je le prends pour appui :
Rien ne m'allarmera fur la Terre aujourd'hui.

Ce Prince a dédaigné l'éclat de la victoire ;
Il femble fe placer au Temple de Mémoire,
Sous l'ombre de Thémis amante de la Paix,
Et travaillé à compter fes jours par fes bienfaits.

On ne pourra point dire & répéter fans ceffe
Qu'il n'eft plus à la Cour de vertu , de fageffe :
Oh ! fi l'impiété les profcrivit long-tems ,
Louis les fait revivre aux yeux des Courtifans
Qu'on voit s'humilier , comme lui, dans nos Temples,
Par-tout d'un faint refpect j'admire les exemples.
On ne s'informoit pas, en ces tems de douleurs,
De la Religion , des Vertus ni des Mœurs.

O siècle malheureux ! abus épouvantable !
Venoit-on à parler d'un homme irréprochable,
On demandoit d'abord, quels sont ses revenus ?
Est-il riche en un mot, est-ce un second Crésus ?
Va-t-il souvent en Cour, est-il bien près du Maître ?
Dans un faste brillant le voyez-vous paraître ?
Tient-il un grand état, a-t-il bon Cuisinier ?
Secrétaire, Intendant, Postillon, Palfrenier ?
Quant à ses mœurs, hélas ! c'étoit la moindre chose,
On s'en débarrassoit, j'en dois dire la cause :
    Le mérite réel ne se comptoit alors
Que sur le pied du bien qu'on montroit au dehors ;
C'étoient les préjugés & les discours des hommes ;
Mais non pas aujourd'hui : dans le siècle où nous sommes :
Nous devons à Louis cet heureux changement :
Oui, c'est sa piété, c'est son attachement
Pour la Religion & pour nos saints Mystères.
    On doit pleurer ces tems de douleurs, de miseres ;
Qui n'en eût pas rougi ! l'honneur, la probité
Etoient traités alors comme inutilité.
On voyoit chaque jour marier une fille ;
Dans un coin du Parloir, au travers de la grille ;
La novice pleuroit, gémissoit vainement,
On l'époufoit toujours malgré son sentiment.
Dans ce siècle de fer, l'orgueilleuse richesse
Nous tenoit lieu d'état, de rang & de noblesse ;
Dans un mari quelconque on vouloit rien de plus
    Qu'un emploi de Finance, ou bien cent mille écus.

Qui peut croire le fait ! Une jeune innocente
(Ses larmes la rendoient encore plus touchante)
Que ses parens forçoient d'abandonner son cœur
A certain Maltotier qu'elle avoit en horreur ;
Par un nouveau projet funeste à la Province,
Il avoit mérité la tenaille ou la pince,
Un Aigle ne pouvoit traverser ses guérets ;
Il possédoit Châteaux, Etangs, Prez & Forêts,
C'étoit assez alors pour effacer son crime.
Du Père ambitieux la fille étoit victime,
Sans consulter en rien notre Religion :
Mais oublions ces tems d'abomination.
    Périsse le Poëte & sa sinistre veine
Qui voudroit insulter à la nature humaine :
Ici je ne viens point affliger les Mortels
Par un récit passé de malheurs trop réels :
A mes Concitoyens, loin de porter la Guerre,
J'annonce la Vertu triomphante sur Terre.
Quoique l'on soit choqué du nombre des Laïs,
Des Lucreces en foule illustrent ce païs :
Chaque jour nous voyons nos Françoises Lucreces
Dédaigner des Tarquins les feux & les richesses.
    Rome, ne vante plus tes fameux Citoyens,
La France a le bonheur d'en voir parmi les siens ;
Et sans aller fouiller nos anciennes Chroniques,
Voici, grace à Louis, des preuves authentiques.
Honorez donc mes vers, Horace, Décius,
Scevola, Scipion, Camille, Pontius,

Colonnes de l'Etat, vengeurs de la Patrie,
Toujours prêts, pour Louis, d'immoler votre vie,
Formidables appuis du Temple de Sion,
Conſervez votre ſang pour la Religion!
Français de tes voiſins déclare-toi le Maître,
Pour dompter les méchans tu ne dois que paroître.
On ne me verra point au plus preſſant danger
Dénigrer ma Patrie & vanter l'Etranger.

    Je ſuis né dans ton ſein, France à jamais chérie!
J'ai de périr pour toi la glorieuſe envie,
Envers & contre tous je ſoutiendrai tes droits;
Franchiſe dans tes mœurs, équité dans tes Loix,
En quels Pays voit-on de réglemens plus ſages!
Un Roi plus vertueux digne de nos hommages,
Des eſprits plus profonds, des ſujets plus ſoûmis,
Des Guerriers plus vaillans & de plus grands amis.
Blaſphémateur du Ciel, animal frénétique,
Cenſure mon amour, mon feu patriotique,
Si tu peux toutefois donner certain travers
A l'endroit le plus beau qui plairoit dans mes vers.

    Sophiſtes de nos jours, je plains votre foibleſſe,
Non, ce n'eſt pas pour vous ces leçons de ſageſſe,
Ariſtipes nouveaux, ſublimes Calotins,
Vos ſyſtêmes tirés des Grecs ou des Latins;
Soumettent les Mortels à la ſimple nature;
Et vous renouvellez la Secte d'Epicure,
Donnant à l'homme ſeul ce qu'il tient de la Loi,
C'eſt briſer les Autels du Dieu de notre Roi.

En vain le Saint Prélat qui préside à l'Eglise
Mit à nud votre impie & damnable fotise ;
De vos maux gangrenés ne pouvant plus guérir,
C'eſt vous aſſaſſiner que de vous ſecourir.
Si ſon zèle pouvoit vous impoſer ſilence
Il fermeroit du moins la porte à la licence ;
Le Payen, l'Idolâtre, en leurs calamités,
Frémiroient au récit de vos impiétés,
Sachant que vous ôſez par un affreux ſyſtême
Méconnoître le Ciel avec l'Etre-Suprême.
Avant le ſaint Flambeau de la Religion,
Hélas ! qu'étions-nous tous, qu'erreur, qu'illuſion.
Imitons notre Roi ; ſur lui prenons exemple :
On le voit ſur le Trône, on le voit dans le Temple ;
Dans ſon Royaume entier il règne ſur les cœurs
Et ſes rares vertus ſont le flambeau des mœurs.

A U   R O I.

Q U E le Ciel te promet de longues deſtinées
Tranquilles à la Cour, douces & fortunées.
O Prince vertueux ! Monarque Bienfaiſant !
De la Religion reſte toujours l'enfant.

Fin du Bouquet du Roi,

BOUQUET

DE LA REINE.

ALLÉGORIE.

Le Retour de MOMUS aux Cieux.

VERs le milieu de la verte faifon
Seigneur Jupin, foit caprice ou raifon,
(Mais dans l'excès d'une vive colère)
Avoit chaffé Momus de la célefte Sphère :
Or, le voilà ce cauftique Garçon,
Banni du Ciel, voyageant fur la Terre.
Aux glaces de l'Hiver, fon exil expiré,
Il regagna bientôt le féjour du Tonnerre
D'un vôl timide & pas trop affuré :
(Dans l'Olympe ce Dieu n'étoit pas défiré.)
    L'aimable Dieu qui commande au Parnaffe
L'apperçoit le premier, & lui dit, avec grace :
Ami ! d'où venez-vous ? ---De l'Empire des Lys,
Lui répondit Momus : père de la Science !
« L'heureux climat ! l'admirable Pays ! »
Or fus, puifque vous venez de la France
Ne me déguifez point ici la vérité,
Songez à me parler avec fincérité.

» D'accord, j'ai vu là-bas des rimeurs de Toilettes,

» Vuides de fens, remplis de mots,

» Faifeurs de Calambours & conteurs de fornettes.

» Des penfeurs fans idée, agitans leurs grelots,

» Des Acteurs infolens & même defpotiques,

» Des Théâtres Bourgeois & des Farces tragiques,

» Des Turcarets nouveaux, trompés par leurs Commis,

» Et des demi-talens, fameux par leurs amis. »

Alte-là, Dieu de la Satyre,

Repart auffitôt Appollon :

Ceffez de plaifanter, ou plutôt de médire.

« A vous qui préfidez dans le double vallon,

» Je l'avouerai, Seigneur. J'ai trouvé dans la France

» Des Auteurs de mérite & remplis de fcience :

» Des hommes à talens, des Guerriers eftimables,

» De fidèles époux, des femmes refpectables :

» Même à la Cour j'ai vu de modeftes beautés.--- »

Courage. --Dans ces lieux il exifte des Princes

» Adorés de la Ville, ainfi que des Provinces,

» Poffédant tous de grandes qualités.

» De plus, je fais par bonne expérience,

» Qu'il eft des Gens d'honneur même dans la Finance

» Qui, lorfque la fortune aveugle tous les yeux,

» Secourent en fecret l'inconnu malheureux.

» L'Augufte Souverain a pris pour fon modèle

» Henri-Quatre, voulant comme lui, par un mot,

» Faire manger la poule dans le pot

» A fes moindres Sujets. De cette ame fi belle,

« Ainfi que la bonté, la Juſtice eſt le lot. »—
C'eſt vouloir me railler ; c'eſt me la donner belle,
Repart le blond Phœbus. Du tout; que vous dirai-je encor?
» Ce Roi, lui dit Momus, montre dès ſa jeuneſſe
» Toute la prévoyance & toute la ſageſſe
  » Du vieux & célèbre NESTOR. »—
Je le connois, dit-il, treſſaillant d'aiſe,
Ce jeune Souverain eſt le Bon LOUIS Seize,
Père des malheureux & fléau des pervers :
Pour tel il eſt connu dans le vaſte Univers.—
« C'eſt aſſez, dit Momus. Il eſt une Princeſſe
  » Qui règne avec lui dans ces lieux,
» On la croiroit Habitante des Cieux :
» Elle a d'Hébé la fraîcheur, la jeuneſſe,
  » De Junon la majeſté,
  » Et de Vénus la beauté. »—
Je la connois auſſi, repart le Dieu Poëte,
La Fille des CÉSARS, la Divine ANTOINETTE.

Fin de l'Allégorie.

BOUQUET A LA REINE

LE JOUR DE SAINT ANTOINE.

TANDIS que les glaçons, les neiges, les frimats
D'un spectacle lugubre attristent la nature ;
Et des noirs Aquilons aigrissant les combats,
Moissonnent dans nos champs, la fleur & la verdure ;
Que t'offrir pour bouquet ! Je le déclare à tous.
Non, rien ne me parut de plus beau, de plus doux,
De plus chèr à ton cœur, Adorable Princesse !
Que de te présenter l'objet de ta tendresse :
Que de peindre à tes yeux, Epouse de TITUS,
La bonté de son Ame & ses autres Vertus,
Dont le nombre est si grand, que je ne pourrois même
Les calculer pendant tout un Carême.

Fin du Bouquet.

VERS
PRÉSENTÉS A LA REINE,

Nous venons d'affifter au joyeux *Te-Deum*
Chanté par la mufique avec le *Pax tecum*.
De l'Empire des Lys, aimable Souveraine,
Vous qui fçûtes fixer par vos divins attraits
Et l'efprit & le cœur du volage Françaîs ;
Les Grâces, les Vertus formant votre Domaine,
Et ces petits Amours abandonnant leur Reine,
Accourent à l'envi fe rendre vos Sujets.

Pour combler les defirs & les vœux de la France,
Il faudroit nous flatter de la douce efpérance
De voir dans peu de tems naître de vous un Fils ;
Lors d'un efprit joyeux, d'une ame fatisfaite,
Nous chanterons enfemble *Antoinette & Louis*.
Vive Louis ! vive Antoinette !

*Meffieurs les Officiers de la Maifon d'Artois firent
chanter un* Te Deum *fur la Naiffance du Duc
d'Angoulême, il y eut un Détachement de chaque Corps
invité*. (Gazette de France 1775.)